Kunterbunte Zeichenstunde

Von Erich Hölle

Bassermann

Der Text dieses Buches entspricht den Regeln der neuen deutschen Rechtschreibung.

ISBN 3 8094 1530 8

© 2003 by Bassermann Verlag, einem Unternehmen der Verlagsgruppe
Random House GmbH, 81673 München
© der Originalausgabe by Boje-Verlag, Stuttgart
Die Verwertung der Texte und Bilder, auch auszugsweise, ist ohne Zustimmung des Verlags
urheberrechtswidrig und strafbar. Dies gilt auch für Vervielfältigungen, Übersetzungen,
Mikroverfilmung und für die Verarbeitung in elektronischen Systemen.

Umschlaggestaltung: agenten.und.freunde.kommunikationsdesign, München
Projektleitung: Carina Janßen
Gesamtproducing: JUNG MEDIENPARTNER, Limburg/Lahn

Die Informationen in diesem Buch sind von Autor und Verlag sorgfältig erwogen und geprüft,
dennoch kann eine Garantie nicht übernommen werden. Eine Haftung des Autors bzw. des Verlags
und seiner Beauftragten für Personen-, Sach- und Vermögensschäden ist ausgeschlossen.

Druck: Tesinska tiskarna, Cesky Tesin
Printed in the Czech Republic

817 2635 4453 6271

Wir zeichnen heute kunterbunt!
Nimm Bleistift und Papier!
Dann brauchst du nur noch Fantasie,
das andre zeig' ich dir.

Wir fangen mit den Menschen an –
die Tiere kommen später.
Wer glaubt, dass er nicht zeichnen kann,
der irrt sich. Das kann jeder!

EIN KOCH

Eine Acht,
die lacht,
ist im Nu gemacht.

Dann ein Hut mit Rauch –

Füße an den Bauch ...

Nur ein Weilchen
noch –

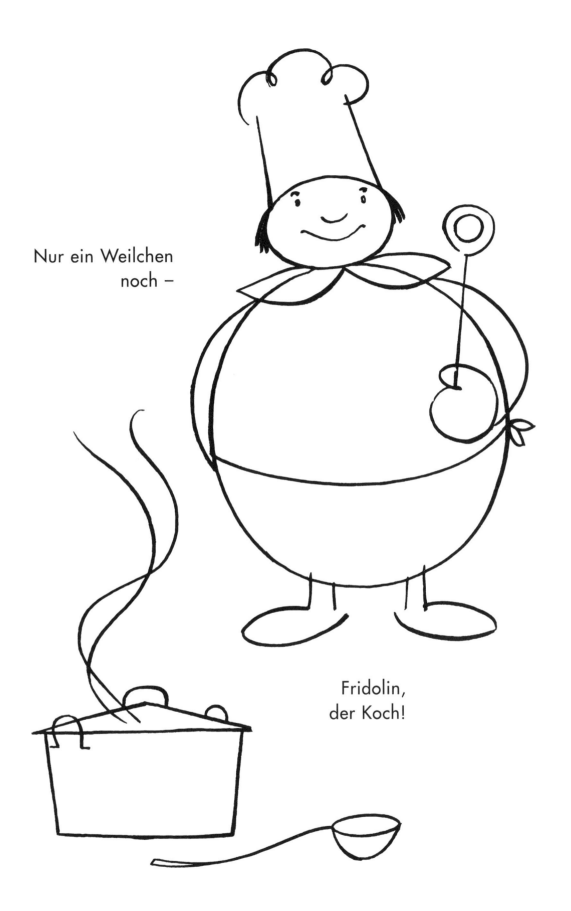

Fridolin,
der Koch!

MATROSEN

Jetzt zeichnen wir
den Eiffelturm,

doch leider
nur ein Stück –

denn plötzlich wird

das lange Ding
nach oben
ziemlich dick.

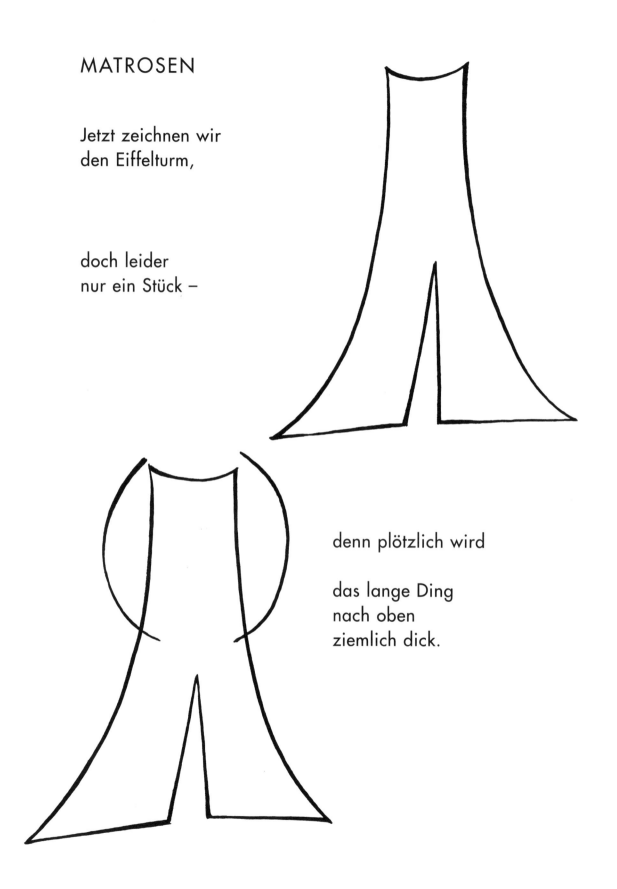

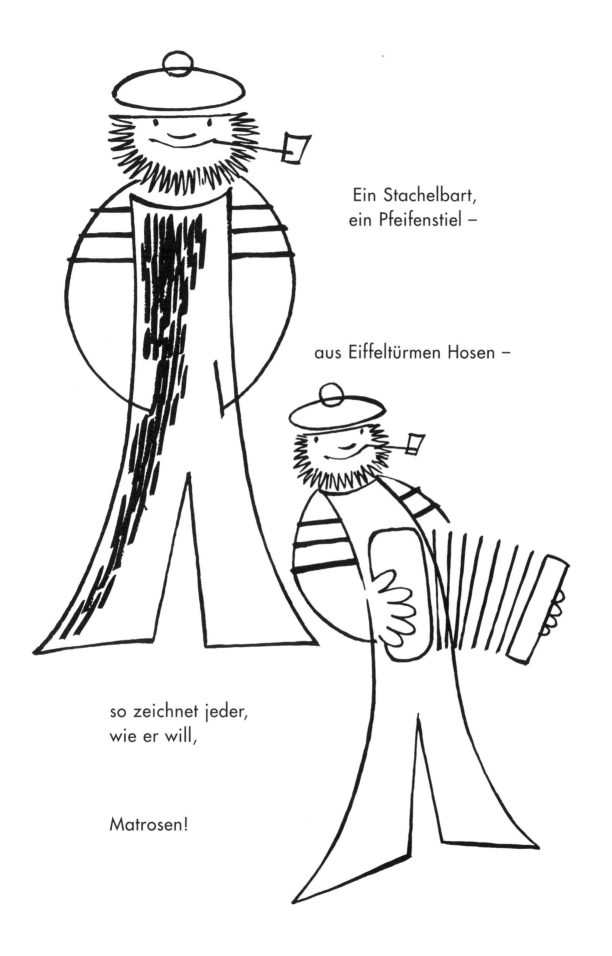

Ein Stachelbart,
ein Pfeifenstiel –

aus Eiffeltürmen Hosen –

so zeichnet jeder,
wie er will,

Matrosen!

PHILIPPO AUS MEXIKO

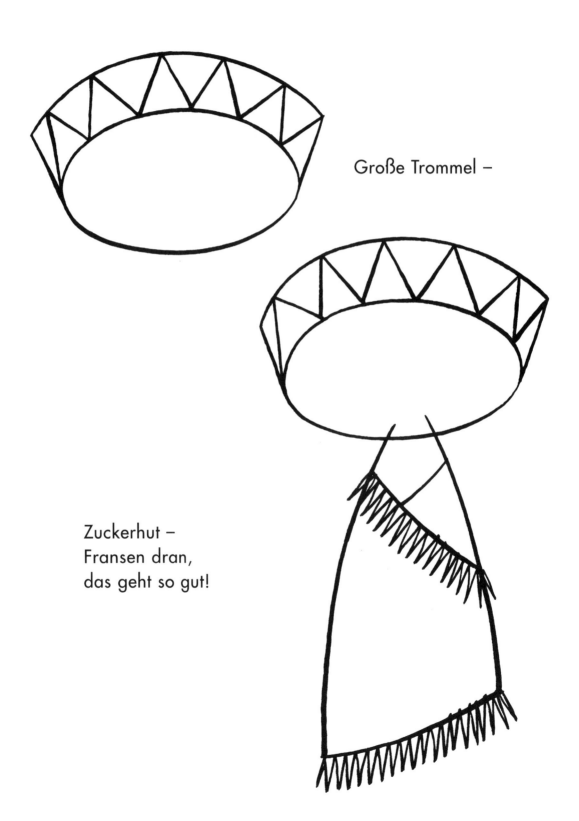

Große Trommel –

Zuckerhut –
Fransen dran,
das geht so gut!

Kopf und Beine –
seht ihr, so!

Philippo aus Mexiko!

ABDULLAH

Zeichnet Herzen – froh und munter!
Legt geschwind 'ne Acht darunter!

Eine Zwei noch –
keine Bange:

Abdullah
beschwört die Schlange!

13

EIN CLOWN

Kinder,
wollt ihr herzlich lachen,
müsst ihr
einen Spitzhut machen!

Legt darauf ein schönes O –
noch ein Zickzackband –
seht, so …

und schon singt der lustige Frieder
seine Quetschkommoden-Lieder!

SPANIERIN

Die Dame mit dem stolzen Gang
trägt einen Schleier, ziemlich lang,

und Ringellöckchen,
keck gedreht,
auch einen Fächer,
wie ihr seht.

Vergesst nicht die Geranien,
denn Carmen lebt in Spanien!

Und willst du sie
beim Tanze sehn,
dann musst du
auf die Reise gehn!

IM SCHNEE

Wie ein Blitz

saust der Fritz

durch den Schnee —
juchhe!

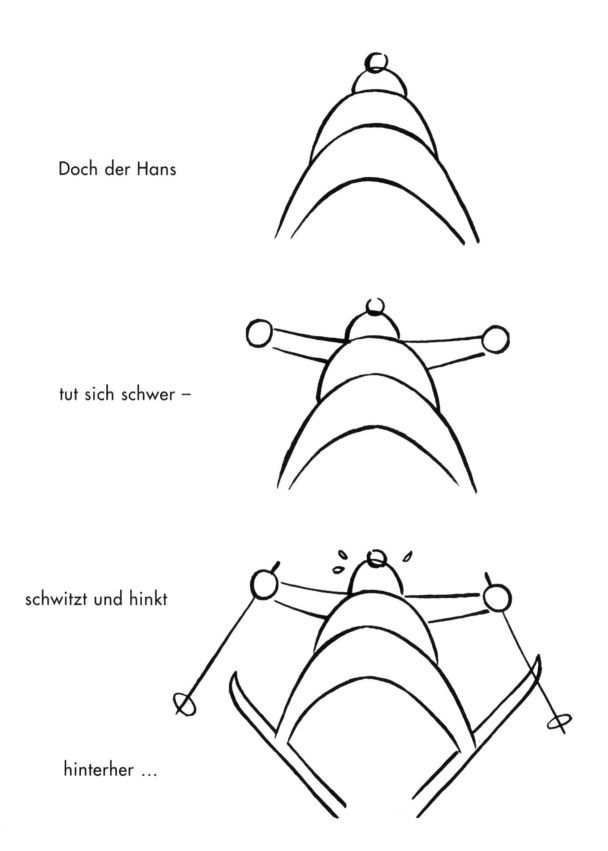

Doch der Hans

tut sich schwer –

schwitzt und hinkt

hinterher ...

ESKIMO

Luftballon
fliegt davon!

Halt ihn fest ...
und den Rest

zeichne so:

Seht, so geht
ein Eskimo!

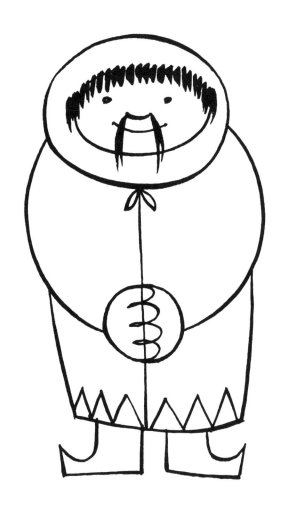

Aber schon
kommt sein Sohn!
Der ist bloß
nicht so groß.

OMA

Zeichne Wölkchen,
so wie diese,

und benimm dich
recht geschickt –

weil die Oma auf dem Sofa

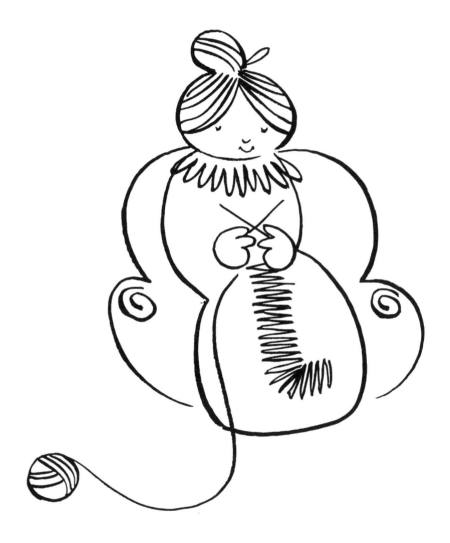

schöne Strümpfe für dich strickt!

DER RÄUBERHAUPTMANN

Igel an der Wand ...

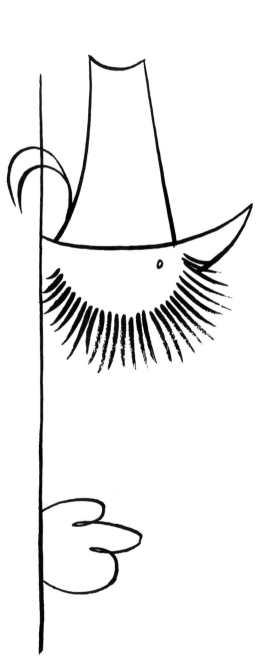

Federhut
und Hand ...

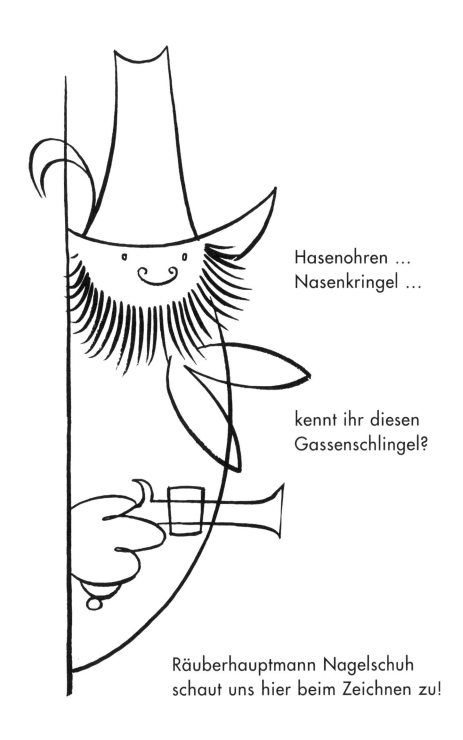

Hasenohren ...
Nasenkringel ...

kennt ihr diesen
Gassenschlingel?

Räuberhauptmann Nagelschuh
schaut uns hier beim Zeichnen zu!

TSCHING-TSCHANG-LU

Dem Mond, der auf dem Seile tanzt,

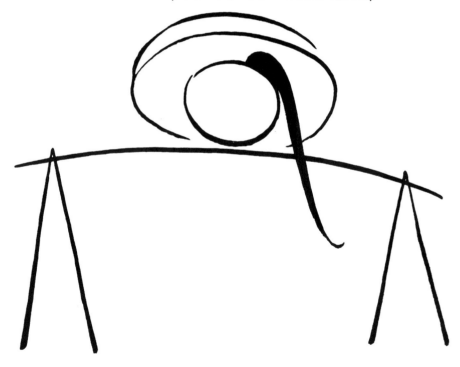

mach Hut und Zopf, so schnell du kannst ...

und Hemd
und Füß'
und Beine auch dazu –

ist sie nicht süß,
die kleine Tsching-Tschang-Lu?

ONKEL WILLI

In dem Grase auf der Wiese
liegt ein Hase und ein Riese.

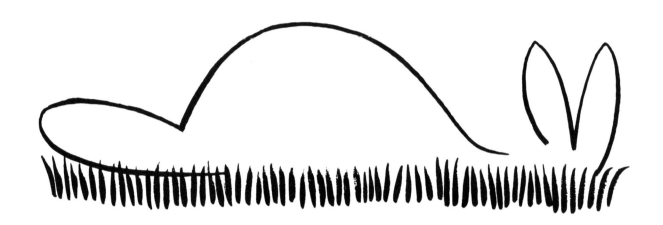

Setzt darüber etwas Rauch ...

Knopf und Striche auf den Bauch ...

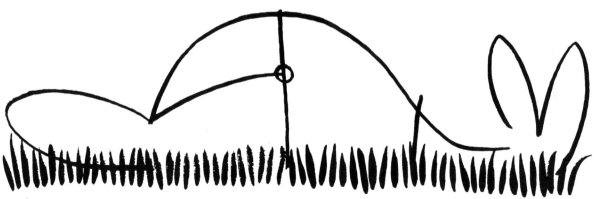

Kopf mit Nase,
Pfeife, Hut –
Onkel Willi geht es gut!

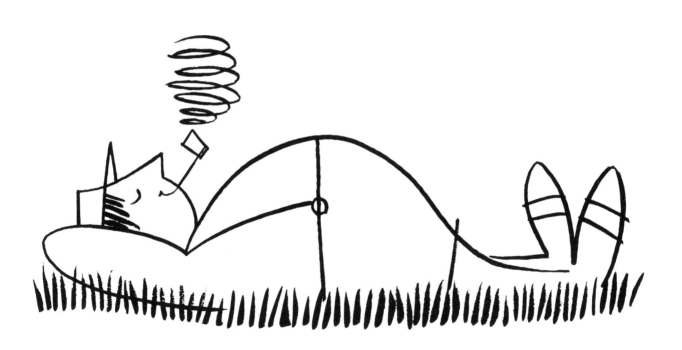

Und von seiner Blumenwiese
sendet er uns Urlaubsgrüße.

STREICHHOLZMÄNNCHEN

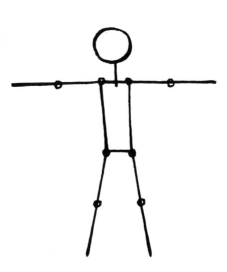

Lustig ist
ein Streichholzmann,
weil man ihn
bewegen kann.

Gebt dem Kerlchen
Kleider,
hüpft es fröhlich weiter.

Lasst es
sitzen,

liegen,

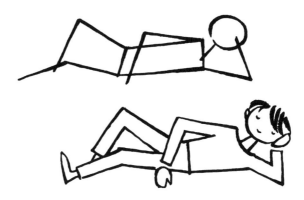

laufen –

ja, das Kerlchen
kann auch
　　　raufen!

Auf der nächsten Seite dann

seht ihr, was es sonst noch kann:

Schwere Koffer
soll es tragen,

und es kann die Brücke schlagen.

Lasst es auch auf Händen gehn

oder
auf dem Kopfe
stehn!

Auf dem Fahrrad
will es flitzen

– nur mal schnell
den Bleistift spitzen! –,
unser Kerlchen
kann noch mehr:

        Bitte sehr! ...

Soll's ein Mädchen sein?
Ja, dann
zieht dem Streichholzmann
einfach Röckchen an!

GESICHTER
gibt es vielerlei,

beginne stets
mit einem

Das erste Ei wird der Papa,

das zweite lächelt – die Mama!

Dann kommt der Opa
mit der Pfeife ...

Mathilde kennt man
an der Schleife.

Mit Silberlöckchen – Tante Lu …

hier schaut die Gouvernante zu!

Herr Sumser –
immer sehr verdrießlich …

mit Sommersprossen
Fräulein Lieblich.

Hier Onkel Fritze –

es geht weiter –

Hans-Otto ist ein ganz Gescheiter.

 Der Herr Direktor lässt jetzt bitten –

das Karlchen hat noch keine
Sitten!

 Den Maler kennt man an der Mähne,

und diese Schöne heißt Marlene.

Herr Lehrer
mit dem strengen Blick –

der Jimmy ist ein freches Stück.

Jetzt zeichnet selber weiter!
Hier reicht der Platz nicht –
    leider!

MISTER ROBOTER

Der Dicke hier
aus Draht und Eisen
kann zwar reden,
doch nicht beißen.

Hat Arme
und gar Knödelbeine –
doch Haare
hat er leider keine.

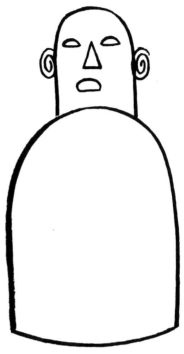

Der Hunger ist ihm unbekannt,
denn ein Motor ist sein Verstand.

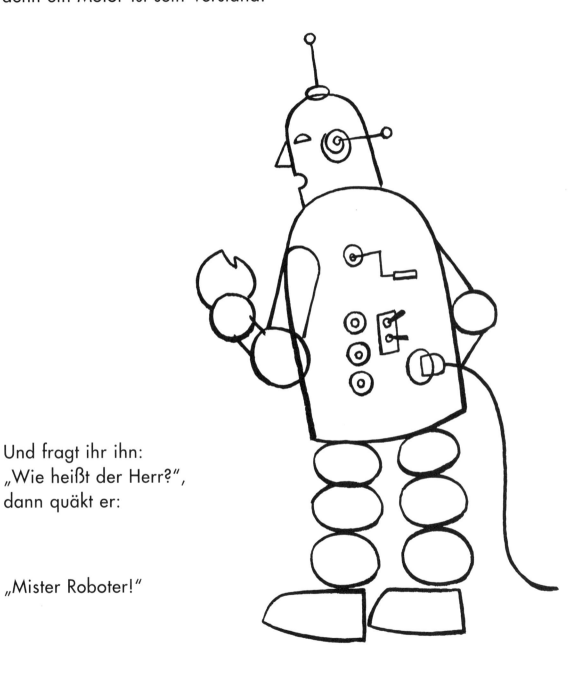

Und fragt ihr ihn:
„Wie heißt der Herr?",
dann quäkt er:

„Mister Roboter!"

Tiere gibt es kunterbunte,
wild und zahm und klein und groß ...
unsre nächste Zeichenstunde
geht schon – Achtung, fertig – los!

DER STORCH

Kennst du dieses Blatt,

das so lange
Stelzen hat ...

mitten in der Pfütze steht
und nach Quakefröschen späht?

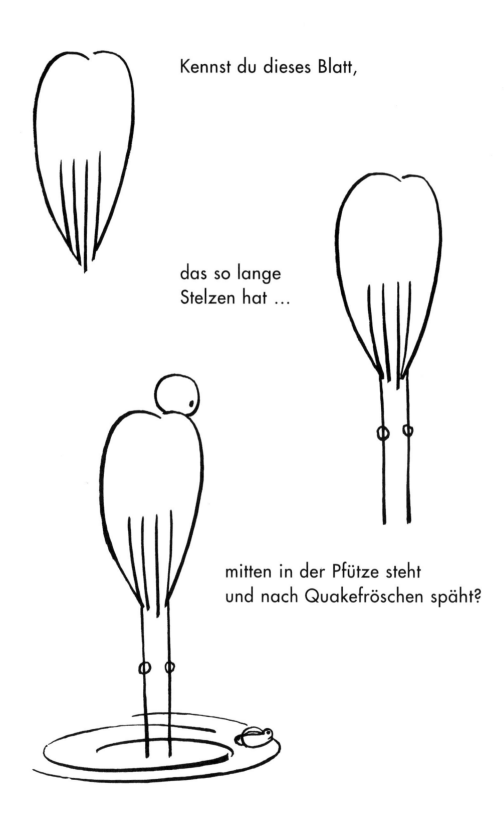

Da, es klappert – horch!

Adebar, der Storch!

EIN FUCHS

Zeichne eine Schleifenschnur,

häng daran ein Dreieck nur ...

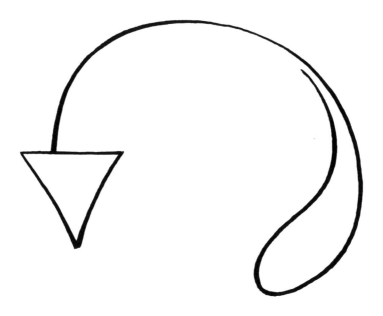

Pfötchen, Schnurrbart, spitze Ohren –
schon ist Reineke geboren!

Ist die Schnur gerade – dann
schleicht Herr Fuchs durch Feld und Tann.

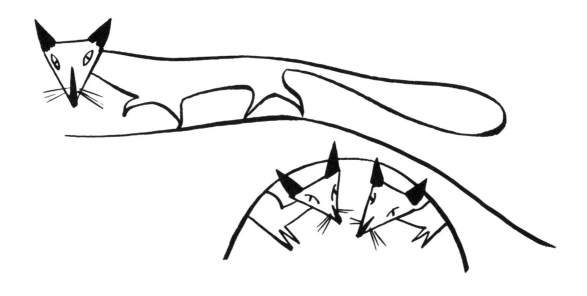

RABEN

Kleckse machen!
Eins, zwei, drei,
vier, fünf, sechs,

in einer Reih'.

Plötzlich
sind es Raben –

die wollten wir ja haben!

Husch, husch, husch!
Und schon

fliegen sie davon ...

NASHÖRNER

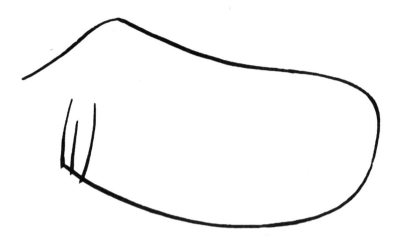

Auf einem dicken Sacke sitzen

vornedran zwei Hörnerspitzen.

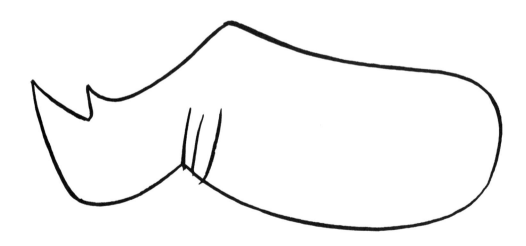

Gib ihm Ohren, Augen, und

zeichne Füße, plump und rund!

Recht uralt kann das Nashorn werden –
im Urwald gibt es ganze Herden.

DAS STINKTIER

Aus diesem Bäumchen
zeichnet man

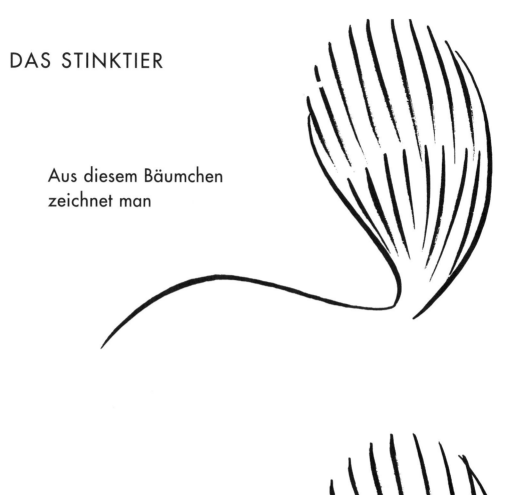

ein Tierchen,
das man riechen kann.

Macht auch noch Streifen
auf sein Fell –

doch dann entfernt euch möglichst schnell!

Ich rat' es jeder Dame!
Denn Stinktier ist sein Name.

HUNDE

gibt's in großer Zahl,

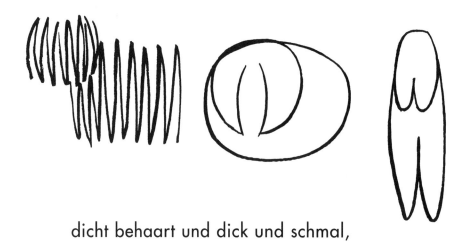

dicht behaart und dick und schmal,

Ohren spitz und rund und lang –

Pfoten hat auch jeder dran.

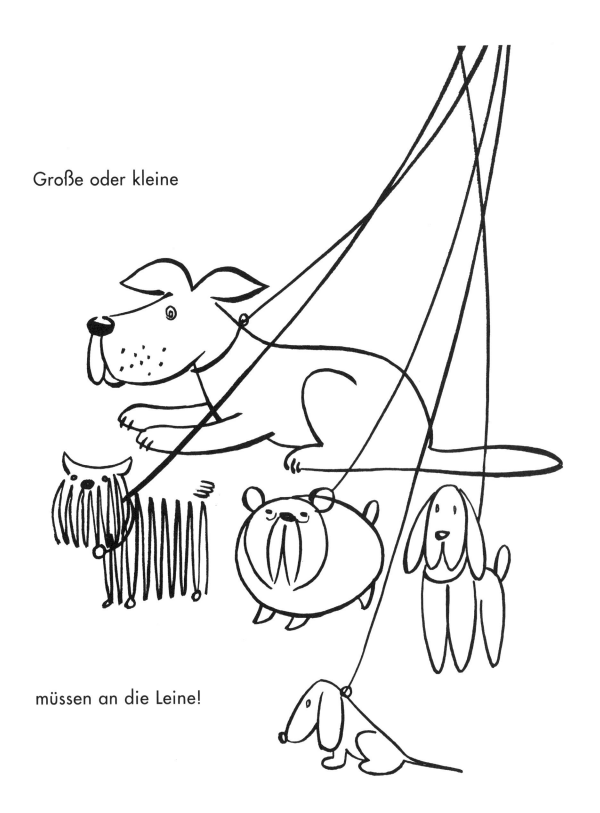

Große oder kleine

müssen an die Leine!

EISBÄREN

Ein Zottelsack
kriegt Hosen an –
vornedran
und
hintendran!

Den Zottelhals
mach möglichst lang!

Das Tier hat einen Zottelgang.

Es lebt – nun, wisst ihr, wo? –
am Nordpol und im Zoo!

Und bei Tisch –
frisst es Fisch!

EIN WILDSCHWEIN

Aus dem Hügel

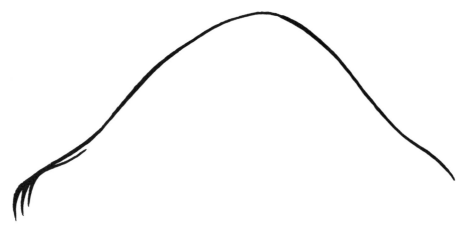

mit dem Schwänzchen

und den Borsten
ringsherum

wird das Wildschwein
„Eberhänschen" –

mach die Zähne
ziemlich krumm!

VOGEL STRAUSS

Wir zeichnen einen Regenwurm ...

der kriecht durch einen Wirbelsturm.

Was wird daraus?
Ein Vogel Strauß!

Ist euch einer nicht genug,

macht einen Straußenvogelzug!

DER PELIKAN

Der Pelikan
ist fast ein Schwan –

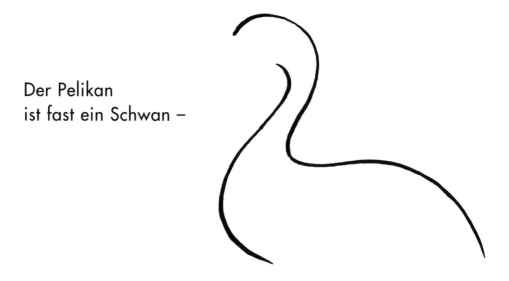

doch sieht man seinem Schnabel an,
dass er noch viel mehr fressen kann.

Und wenn der Vogel Hunger hat,

dann frisst er sich an Fischen satt.

AUS HÜTEN

mach Tiere!

Es ist gar nicht schwer,

denn Hüte gibt's viele,

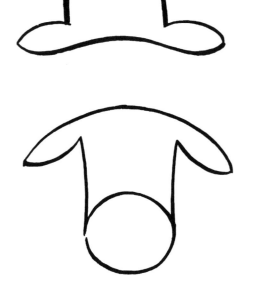

und Tiere noch mehr!

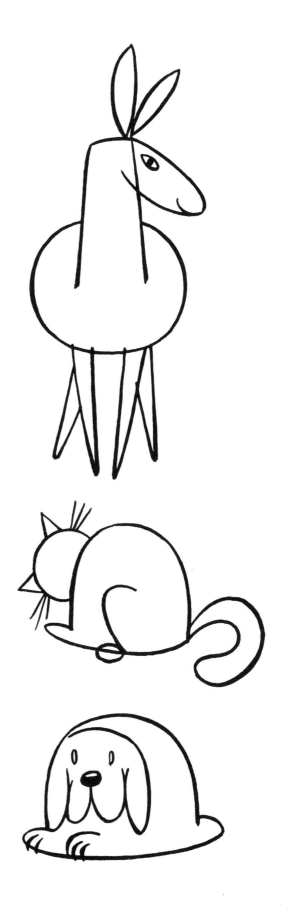

DIE FRIEDENSTAUBE

Aus dieser Welle,
sanft geschwungen,

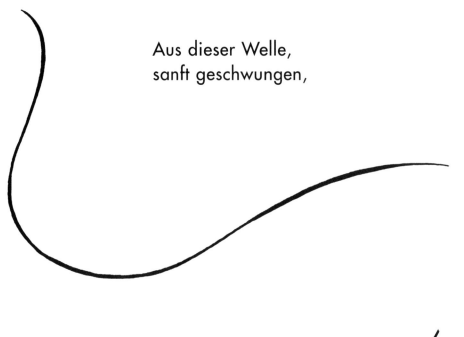

wird schnell ein Täubchen,
viel besungen!

Als Sinnbild für den Frieden gilt

das wohl bekannte Taubenbild.

In der nächsten Zeichenstunde
gibt es Hexenzauberkunde!
Hokus-pokus,
Hexenritt,
simsalabim,
wer reitet mit?

ZAUBEREI

Hokus –
ein Zylinderhut,
pokus –
jeder kennt ihn gut.

Hokus –
jetzt ein Zauber-Ei,

pokus –
Sieben und 'ne Drei.

Hokus –
man verschnüre gut,

pokus –
noch ein Kasperlhut.

Hokus-pokus –
dreht man's um …

Zauberkönig Fidibum!

SPIEGEL-ZAUBER

Sah Herr Stoppel
sich im Spiegel,

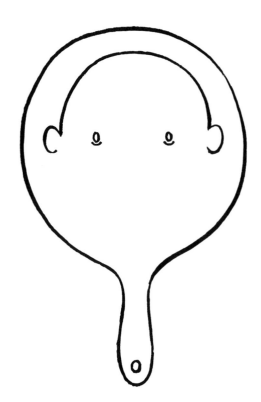

litt er große
Seelenqual –

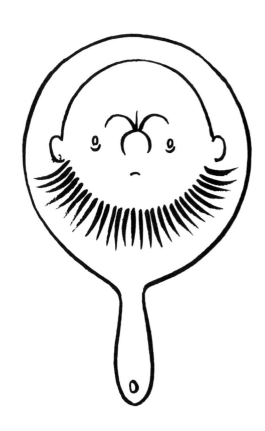

unten war er wie ein Igel,
oben aber gänzlich kahl!

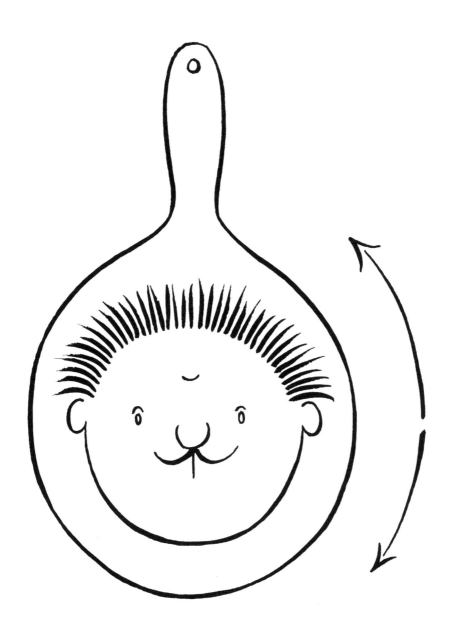

Eines Tages, liebe Leute,
drehte er den Spiegel nur,
und da sah er voller Freude
seine neue Haarfrisur!

DIE WETTERHEX

Eine Sechs
und eine Fünf –

eine Drei
und Stroh –

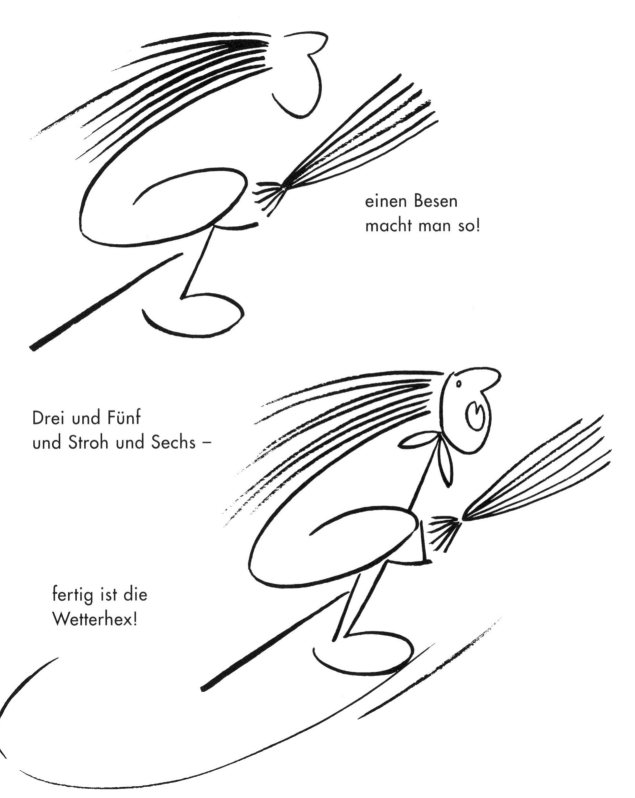

einen Besen
macht man so!

Drei und Fünf
und Stroh und Sechs –

fertig ist die
Wetterhex!

PEGASOS

Jetzt zeichnen wir
mit kühnem Schwung
ein halbes Pferd
wie hier – im Sprung!

Doch braucht es keine Zügel –

stattdessen gib ihm Flügel!

Die Fabel nennt das Flügelross
ganz schlicht und einfach „Pegasos".
Und merkt es euch beizeiten:
Nur Dichter können's reiten!

EIN KAUZ

Krixe, kraxe – Mitternacht …

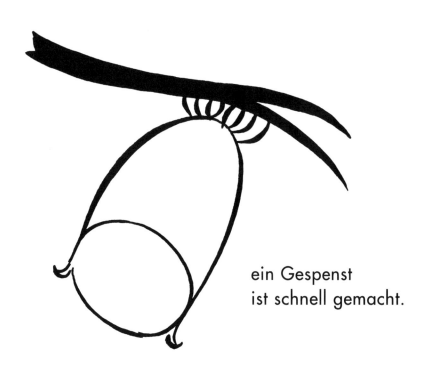

ein Gespenst
ist schnell gemacht.

Wie es glotzt
aus Riesenrädern!

Krixe, kraxe –
noch zwei Federn.

Dreht mal um –
pardauz!

Sitzt da nicht

Herr Kauz?

DER ELEFANTENFLOH

Da sitzt ein Floh,
ganz winzig klein,
der möchte gern
viel größer sein!
„'s ist gar nicht schwer",
meint unser Floh,
„seht nur mal her!
Das mach' ich so …"

Schon setzt er an
zum ersten Sprung –
da kommt ein großer
rundherum!

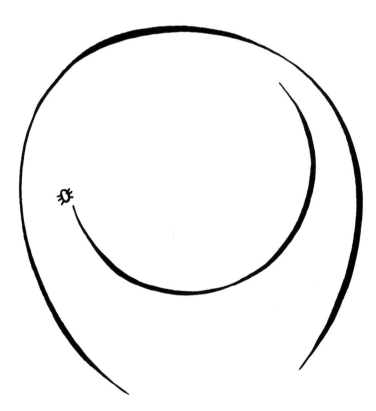

Dann links und rechts –
ihr könnt es sehn –
und auf und ab,

        schon ist's geschehn!

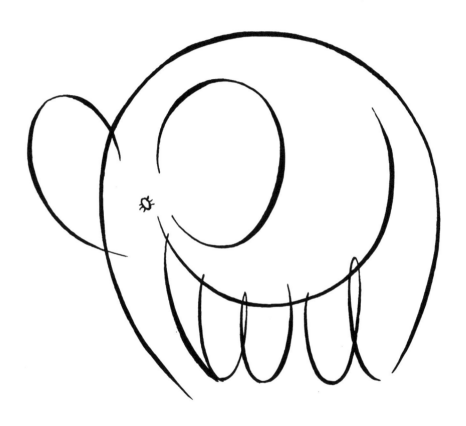

So wird – jetzt ist es euch bekannt –
aus einem Floh ein Elefant.

Und wer's nicht glaubt,
der frag' den Floh –
er findet ihn schon irgendwo!

Man kann es drehen hin und her –

dies Buch hat keine Seiten mehr.